TALKSHOW
GISELA LUDWIG
PRÄSENTATION
BAND 2

MUSIK

Die Gedichtform zu wählen, war nicht verkehrt,
denn so erhöht man bei Lesern die Aufmerksamkeit!
So bleibt in Erinnerung das wichtigste, vermehrt.
Weil es wie Musik klingt, ist man aufnahmebereit!

CECILE SCHORTMANN

Eine kompetente und charmante Journalistin.
Rheingau Musik-Festival, documenta, Buchmesse!
Bei "Kulturzeit" ergänzt Sie das Moderatorenteam.
Sie weckt in uns, für die Kultur, das Interesse!

JÜRGEN von der LIPPE

Seine Witze sind dreist und schmerzhaft komisch!
Geld oder Liebe, war seine wiederholte Frage.
Er parodiert TV-Showleute fast obligatorisch.
Seine Predigten beginnen mit: "meine lieben Schafe"!

JULE GÖLSDORF

Bachelor of Arts an der Fernuniversität Hagen,
später studierte Sie Marketing und Fremdsprachen.
Bei "logo!" fand einfache Antworten auf komplexe Fragen!
Ist stets gut gelaunt, doch bei Krimis lässt Sie es "krachen"!

OLIVER BIERHOFF

Der Teammanager der Fußball-Nationalmannschaft,
war ein Kopfballstarker Stürmer im In- und Ausland!
Mit dem allerersten "Golden Goal" es schafft,
um höchste Anerkennung zu ernten, im ganzen Land!

MARIA FURTWÄNGLER

Berühmte Name und danach "Die glückliche Familie",
ebneten den Weg der Ärztin zur Schauspielerei!
Sie engagiert sich für Kinder, in der ersten Linie.
Sie hat viele Auszeichnungen bekommen, nebenbei!

REINHOLD MESSNER

Er ist einer der bekanntesten Bergsteiger der Welt!
Bestieg alle 14 Achttausender ohne Sauerstoff!
Seine Bücher auch Vortrag über sein Credo hält.
Während seinen aktiven Zeiten, gab´s auch mal Zoff!

ANDREA GRIEßMANN

Ihre Route: Barcelona, Buenos Aires, Franken,
klingt wie ein Reisemagazin! Wie "Wunderschön"!
Bei Planet-Wissen, ist es ihrer Neugier zu verdanken,
tiefgründige Erkenntnisse zu bekommen! Dankeschön!

MATTHIAS STEINER

Der Europameister und Olympiasieger im Gewichtheben, wurde mit der "emotionalste Siegesfeier" ausgezeichnet! Er hat außerordentlich viele Pfunde "abgegeben", und gleichzeitig Zuwachs an Popularität verzeichnet!

ANGELA FINGER-ERBEN

Männer, die ein Instrument spielen, findet Sie sexy!
So kommt nur ein Bruchteil der Bevölkerung in Frage.
Den Wunsch, ein Instrument zu erlernen, weckt Sie!
Denn viele Männer wollen es tun! Gar keine Frage!

JAN FRODENO

Er neigt zum Exzess, zur Perfektion in allen Bereichen!
Ob es Kaffee ist, Essen, Kalorienzählen oder sonst was!
Nur der sportliche Ehrgeiz würde nicht reichen!
Man braucht Disziplin und hartes Training, wie ich es las!

SANDRA MAISCHBERGER

Sie sagt: "manchmal fehlt der nötige Abstand,
wenn ich Leute befrage, die ich gut kenne!
In der neuen Talk-Reihe, das liegt auf der Hand,
dass ich mich schon im Vorfeld, von sowas, trenne!

RUDI CERNE

Eiskunstläufer im Einzellauf, Deutsche Meister!
International geschätzt, später bei Holiday on Ice!
Der Weg zum Fernsehen war lang, das weißt Er.
Doch es erfolgreich möglich ist! Er ist der Beweis!

ANJA RESCHKE

Politikwissenschaft, Geschichte, Sozialpsychologie,
für eine Reporterin, sind die besten Voraussetzungen!
Auf die akuten sozialen Probleme antwortet Sie,
durch Ihre Klartext-Kommentare und Einschätzungen!

TIL SCHWEIGER

Einst war Er Synchronsprecher, dann kam Linden-Straße!
Der Durchbruch gelang Ihm mit: "Der bewegte Mann"!
Durch seine Emotionalität erhebt Er sich von der Masse!
Es ist offensichtlich, dass Er gar nicht anders kann!

USCHI GLAS

Was nach "Zu Sache, Schätzchen" folgte verdient Respekt!
Unzählige Auszeichnungen, Filme, Theater, Musik!
Durch die "BrotZeit" hilft Generationen als Nebeneffekt!
Die Auswirkung ist erkennbar schon auf dem ersten Blick!

JAN JOSEF LIEFERS

Die Schauspielerei wurde Ihm in die Wiege gelegt!
Als Schauspieler, Musiker, Regisseur oder Produzent,
wählt seine Themen sorgsam, gründlich überlegt,
und meistert die jeweilige Rolle, sehr gut bis Exzellent!

ANNA LOOS

Erst die Musik und später kam Sie zur Schauspielerei!
Sie wird "Duracell" genannt, das nimmermüde Häschen!
Mit "Anatomie" gelingt Ihr der Durchbruch und nebenbei
singt Sie weiter. Neulich auf Deutschland Tour zu sehen!

STEFAN PINNOW

Von "Geld oder Liebe" zum Disney und Tigerenten-Club,
danach moderierte Er "taff" und "daheim und unterwegs"!
"Ich schieße meine Frau zum Mond" sagt der Berliner Bub,
"aber Er wollte sie nie verlassen" fügte hinzu, keineswegs!

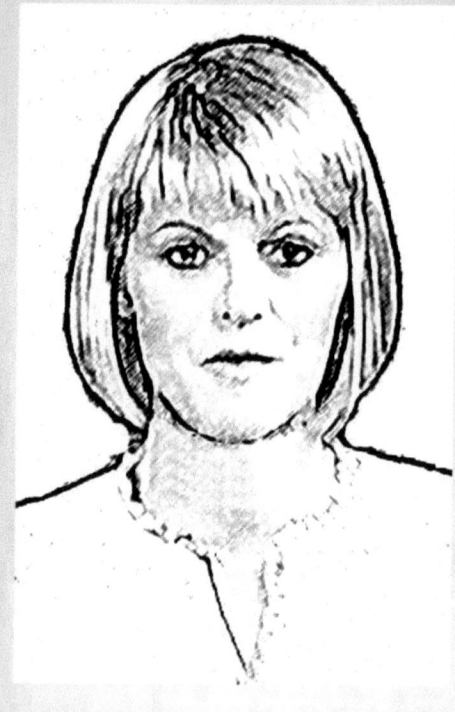

GUNDULA GAUSE

Das Gesicht der Heute Journal, seit zweiundzwanzig Jahren!
Sie sagt: noch einmal zweiundzwanzig sind unwahrscheinlich!
Trotz bedrückenden Nachrichten, kann Sie Abstand bewahren.
Ihre Ausstrahlung und Frisur sind einfach unnachahmlich!

RENÉ KINDERMANN

"Ich bin ein Ostdeutscher durch und durch" sagt er.
Als Austauschschüler lernt er in Idaho die Offenheit!
Er moderiert Sport, Brisant, Riverboot, und so weiter.
Er schätzt vor allem Herzlichkeit und die Ehrlichkeit!

SUSANNE DAUBNER

Die ARD Nachrichten sind Tradition und Kult zugleich.
"Ich begrüße Sie zur Tagesschau" sagt Sie, mit der tiefen Stimme!
Die einst angekündigte "Lottovorhersage" wäre hilfreich,
aber es hätte nicht gepasst zum Lottospielveranstalter-Sinne!

KLAAS HEUFER-UMLAUF

Sendungen wie "Circus Halligalli" und "Albtraum, Pflege",
passen nicht unbedingt zusammen! Oder doch?!
Er ist witziger, der ernsthaftere war immer sein Kollege!
Sie wollen füllen, durch den Raab entstandenes Loch!

SONJA KIRCHBERGER

Als Kind schon in der Wiener Oper als Balletttänzerin,
später in Venusfalle, wurde Sie beim Publikum bekannt!
Mein Traum geht in Erfüllung, so die Restaurantbesitzerin!
"Ich will mich einbringen" verrät Sie uns entspannt!

SVEN LORIG

"Wer nie Marathon trainiert hat, lernt niemals zu fluchen!
Aber: nicht laufen ist auch keine Lösung! " stellt Er klar!
Bei "Dings vom Dach", das Rateteam soll es versuchen,
die Funktion von "Dings" zu erraten! Vieles ist vorstellbar!

ANKE ENGELKE

Schon als elfjährige für den Rundfunk entdeckt,
später vor der Kamera bewies Sie Ihre Wandlungsfähigkeit!
Ihre Auszeichnungen, sind auf viele Jahre erstreckt.
Jährlich mindestens eine, ist eine schöne Regelmäßigkeit!

MARKUS BROCK

Er sagt: "Ich bin ein echter Baden-Württemberger".
Er wollte Popmusiker werden: sang und spielte E-Bass!
Erst beim Radio und dann beim Deutschlands Kultursender,
arbeitet sich mit Freuden in jedes Thema ein! Krass!

JEANETTE BIEDERMANN

Im Kinderzirkus Liliput war Sie Akrobatin mit sechs!
Als Sängerin und Schauspielerin ist Sie zig Mal ausgezeichnet!
"Glamour bedeutet mir nichts" sagt Sie relaxed!
Diese überzeugende Bescheidenheit steht Ihr ausgezeichnet!

OLIVER POCHER

Wer kennt Ihn nicht? Den "bunten Vogel" der Unterhaltung?!
Nach holprigem Anfang, folgte die echte TV-Karriere!
Er eroberte in "Vollidiot" die Leinwand, schrieb die Zeitung!
Sein grenzwertiger Humor tuschiert manche Privatsphäre!

COSMA-SHIVA HAGEN

Als Teenie-Star eroberte Sie die Leinwand mit Crash-Kids!
Was danach folgte ist großartig, kaum zu vergleichen.
Kunst muss Spaß machen, sonst schafft man keine "Hits"!
Sie sagt: Sie braucht eine Auszeit, zumindest für ein Weilchen!

GÖTZ ALSMANN

Wer mit siebzehn schon seine eigene Band gründet und später unter anderem Musikwissenschaft studiert, hat die Aussicht auf spätere Erfolge, und zwar begründet! Jetzt sogar zum Honorarprofessor für Popmusik avanciert!

FELICITAS von LOVENBERG

In Münsterland aufgewachsen, dann in Wales College-Besuch, danach studierte Sie in Bristol und Oxford, als nächste Stationen! Als Literaturkritikerin weißt Sie was ist ein "lesenswertes" Buch. Die Mann-Frau Beziehung beschrieb Sie in vielen Publikationen!

CLAUS-ERICH BOETZKES

Er ist für uns ein vorbildliches Beispiel der Bescheidenheit,
Professor Doktor Nachrichtensprecher der Tagesschau!
Die Berichterstattung im digitalen Zeitalter braucht Schnelligkeit!
Man fragt sich, wohin führt es? Niemand weiß es ganz genau!

YVONNE RANSBACH

Nach zehn schönen Jahren bei ZDF, suchte Sie neue Aufgaben!
Jetzt kommt Sie zu "buten und binnen" im charmanten Bremen!
Geschichten erzählen die berühren, das gewisse Etwas haben,
und mit breit gefächerter Erfahrung, behandelt Sie solche Themen!

INGOLF LÜCK

Er wurde im "Sprungbrett" für die Sendung "Formel 1" entdeckt!
Die Wochenshow brachte Ihm den endgültigen Durchbruch!
Vierzig Jahre Entertainment, hat bei uns das Interesse erweckt!
Der echte Verwandlungskünstler ist heute bei uns zu Besuch!

KRISTINA zur MÜHLEN

Die gelernte Physikerin stellt uns die entscheidende Frage:
Warum kompliziert, wenn es auch einfach geht?
Im "nano" mit Ihren Erläuterungen versetzt uns in die Lage,
dass komplexe Zusammenhänge auch der Laie versteht!

OTTO WAALKES

Dass der Komiker weltberühmt ist, halte ich für ein Gerücht!
aber in deutschlandsprachigem Raum ist kaum zu überbieten!
Durch Wortspiele, Geräusche und Musik ist ihm geglückt,
einen Platz ganz oben zu ergattern! Unumstritten!

SONJA ZIETLOW

Herz ist Trumpf, lautete das Motto der Verkehrspilotin
und dann hörte sie tatsächlich auf mit der Fliegerei!
In Ihrem Kalender das Dschungelcamp ist ein fester Termin!
Eigentlich bin ich ganz nett, verkündet Sie nebenbei!

MATTHIAS SCHWEIGHÖFER

Er ist an der Kinokasse immer ein Erfolgsgarant,
seit man weiß, wie man "Raus aus der Haut" kann!
Neulich einen Film über den Tennislegende plant!
Er sagt: "Erst ein Kind macht dich zum Mann"!

CAREN MIOSGA

Sie lächelt immer geheimnisvoll bevor die Kamera erlischt!
Vielleicht weil Sie eine positiv gespaltene Persönlichkeit hat!
Man kann es kaum glauben, aber sie wurde erwischt,
als sie auf den Tisch stieg! Die Aktion dem "toten Dichter" galt!

MORITZ BLEIBTREU

Er ist in einer berühmten Schauspieler Familie geboren,
Er stand vor der Kamera schon als Kind in zartem Alter.
Er sagt: "in New York haben sie mir den Stecker gezogen!"
Er findet "die emotionale Demontage" gar nicht heiter!

ELKE HEIDENREICH

Sie ist eigentlich "Literaturexpertin von Beruf, per Berufung".
Einst schwadronierte Sie als die Comedy-Figur Else Stratmann.
Die streitbare Frau bekam für Ihre Überzeugung oft die Quittung,
die Rente kann noch warten, sagt Sie, vielleicht irgendwann!

WOTAN WILKE MÖHRING

Er hat in seiner "wilden Zeiten" schon einiges ausprobiert, lange bevor Er als Schauspieler so erfolgreich wurde! Seit dem wirkt er strukturiert, als wäre nichts passiert und seither die viele Auszeichnungen ergänzen die Runde!

NADINE KRÜGER

Sie sagt gut gelaunt: " Noch ist die Kanne erst viertelvoll",
nach dem Sie die 250. Volle Kanne Sendung präsentierte!
"Auch im Sommer dusche ich heiß" gibt sie zum Protokoll,
"ich war Schwimmerin" sagte, als Sie die Gründe kommentierte!

HANNES JAENICKE

Stationen wie Pittsburg und Regensburg prägten seine Kindheit.
Nach dem Abitur, folgte in Wien die Schauspielausbildung!
"Mit so viel Glück im Leben wie ich hat man die Schuldigkeit,
Menschen und Tiere zu helfen", sagt er zu seine Einbringung!

DUNJA HAYALI

Das ist bei Ihr kein "Bad Hair Day"! Das ist Ihr normale Frisur!
Ist was Dog? Auf diese rhetorische Frage gibt´s keine Antwort!
Die Tätowierung ist bestimmt keine schmerzlose Prozedur.
Was Sie dazu getrieben hat? Ist es für Sie eine Art Sport?

ULRICH TUKUR

Von der "Weiße Rose" bis zu "Heldenreise" ist ein weiter Weg,
obwohl der Weg war mit Musik und Hörbücher begleitet!
Auf Schloss Vollrad: "Let´s misbehave" war ganz schön schräg,
Jazz und Swing war auf verblüffender Weise vorbereitet!

REBECCA VERWRICK

Sie studierte Germanistik und Philosophie in Essen und Heidelberg,
aber schon immer mit dem Berufsziel Journalismus im Blick!
Die große thematische Bandbreite beschert immer ein Info-Berg,
doch es wird aufgeteilt in die entsprechende Rubrik!

HEINER LAUTERBACH

In der ersten Linie der Lebenswandel ist seiner Frau zu verdanken!
Dass er sein Leben umgekrempelt hat, ist nicht zu übersehen.
Er sagt: ein Dream-Team halt, bestehend aus Kopf und Nacken.
Wobei er der Kopf und sie der Nacken ist, das kann man verstehen!

WOLKE HEGENBARTH

Als Alex in "mein Leben und Ich" wurde Sie Erwachsen!
Nach zehn Jahren Ehe, ist Sie jetzt im "Scheidungs-Himmel"!
Trotz Bodenständigkeit, Sie erhebt sich von den Massen!
Jetzt wartet Sie auf den Prinzen mit weißem Schimmel!

MARIO BARTH

Der "peinlichster Berliner" recherchiert gründlich und "deckt auf"!
Männer sind: "Schweine, primitiv, glücklich, schuld und peinlich!
Dass dabei mit manchen Kommentaren nervt, nimmt Er in Kauf.
Es wird anders bei "gekloppt und sexy"? Unwahrscheinlich!

CAROLIN KEBEKUS

Alias Bill Kaulitz von Tokio Hotel war für Sie der Durchbruch, obwohl es führte bei Fans nicht zur allgemeinen Akzeptanz! Das "Cool-Girl" startet mit Fließband-Humor den Versuch: "Wie weit geht bei den Zuschauern, die religiöse Toleranz?"

FELIX JAEHN

Platz eins in den US-Charts! So schreibt man Musikgeschichte!
Mit dem Cheerleader-Cover bekommt Er weltweite Anerkennung!
Sogar der Außenminister ist begeistert, schreiben die Berichte.
Ein "Eintagsfliege"? Nein! Jetzt hebt "Ain´t nobody" die Stimmung!

MADELEINE WEHLE

Sie sagt: "ich kam, sah und siegte" bei der "Aktuelle Schaubude"!
"Löcher in den Bauch fragen" war ein Hobby, jetzt ist Berufung!
Jetzt Riverboot, Sachsenspiegel, MDR vor Ort ergänzen die Runde.
Ihre Sendungen ernten bei den Zuschauern große Zustimmung!

DANIEL BRÜHL

Barcelona, Berlin und Köln waren die Anfangstationen von Ihm!
Svens Geheimnis, Verbotene Liebe und Kinodebüt: Schlaraffenland!
Unser Mann in Hollywood - diese Titulierung ist mehr als legitim!
Obwohl er dreht auch in: Spanien, Italien, Frankreich und England!

ANTJE PIEPER

Kindersendung und Länderspiegel waren die ersten Schritte!
Danach folgten zehn Jahre Italien und auch Griechenland.
Da muss man Beziehungen haben, da herrscht ganz andere Sitte.
Bei uns geht vor allem um Kompetenz, das liegt auf der Hand!

RALF BAUER

Ausbildung in Hamburg und auch in Los Angeles,
dann folgten Disney Club und viele erfolgreiche Filme!
Yoga zeigt Ihm den Weg zu sich selbst, nichts anderes,
für Tibeter bietet Er in Exilländer rechtliche "Schirme"!

EVA HABERMANN

Gesang und Tanzunterricht dienten als Basisausbildung.
In jungen Jahren die erste Filmrolle und Kindersendungen.
Der Klosterbesuch ist ein Weg in Richtung Selbstfindung.
Beim Reisemagazin gibt Sie Tipps für Urlaubsplanungen!

JOHANN LAFER

Er wird der "Sonnyboy, der medialen Herdszene" genannt.
Populär und erfolgreich, ist eine sehr gute Kombination!
Er führt "ein Leben für den guten Geschmack"! Es ist bekannt!
Man kann Ihm zugucken bei vieler TV-Koch Präsentation!

CLAUDIA ROTH

Die Anfänge deuteten auf eine Showbiz Karriere.
Später wechselte Sie auf das politische Gleis.
Ihre Debatten prägt oft eine hitzige Atmosphäre,
denn Sie führt sie sehr emotional, wie man´s weiß!

THOMAS WALDE

Ein Sommerinterview mit Ihm ist niemals "gemütlich"!
Das finden die Interviewpartner überhaupt nicht nett.
Er stellt bissige, polarisierende Fragen, unermüdlich,
bis das Thema aufgearbeitet wird, und zwar komplett!

JENNIFER KNÄBLE

Sie ist Workaholic und die "Gute-Laune-Moderatorin"!
Wichtig ist, dass man authentisch und sympathisch wirkt.
Als Hochzeitsbeauftragte braucht man ein erfahrenes Team,
denn die Hoffetikette ist tückisch, viele Gefahren verbirgt!

HORST LICHTER

Mit dem "Oldiethek" begann sein zweites Leben,
wo er seine bodenständigen Rezepte entwickelt hat!
Senkrechtstarter im "hohen Alter" soll es auch geben,
mit Humor und Kalauer, schaffte Er das, in der Tat!

NAZAN ECKES

Sie als ein positives Beispiel für Integration festzulegen,
wäre unzureichend beschrieben, reicht nicht voll und ganz!
Sie erhebt das Motto: "macht etwas aus eurem Leben",
zu etwas nachahmungswertes, mit Charme und Eleganz!

MARCO SCHREYL

Ihm fallen passende und unpassende Kommentare ein!
Hinterher gibt das Anlass zum Zoff, unvermeidlich!
Über sein Privatleben schweigt er, es geht niemanden an,
dass er ein guter Moderator ist, das unterscheib´ ich!

EVA BRIEGEL

"Die Frontfrau ist der Außenminister der Band" sagt sie spontan.
Ihrer angenehmen Stimme könnte man stundenlang zuhören.
Sie wirkt bescheiden, natürlich, wie das Mädchen von nebenan.
Mit "alles zum Besseren wird", will Sie Frieden herbeibeschwören!

JOKO WINTERSCHEIDT

Er ist Teil eines "anarchistisch pubertierenden" Duos!
Das Motto lautet: "Quatsch machen oft bis einer heult"!
Die Badewanne-Debatte führt zum reinsten Chaos:
Er krümmt sich in Fötusstellung, dem Anderen grault!

SABINE SAUER

Sie ist ein vielseitig einsetzbares Medientalent,
ausgestattet mit einer natürlichen Fröhlichkeit!
Sie verfasste ihre Texte fast poetisch, exzellent,
und doch mit feinem Gespür für Verständlichkeit!

HARDY KRÜGER jr.

Er startete passend mit: "Nicht von schlechten Eltern!"
Die späteren Filme, soll man nicht unerwähnt lassen.
Als "Botschafter" möchte er die Essgewohnheiten ändern,
Kochen für Ihn ist Meditation, sagt er uns gelassen!

INA DIETZ

Sie hat viele Moderatoren kommen und gehen, gesehen!
Sie moderiert die Sat 1 Nachrichten, mit stoischer Ruhe.
Wir alle wissen, wie schnelllebiges Medium ist das Fernsehen,
doch sie bleibt, bodenständig, kompetent und ohne Getue!

MAX RIEMELT

Er stand bereits mit elf Jahren auf der Bühne, im Kindertheater!
Steht dem Shooting-Star der Wechsel nach Hollywood bevor?
Er wurde als Shooting-Star gekürt schon im "zarten" Alter.
Im Sense8 läuft er auf Höchstform auf, ist besser als je zuvor!

KATRIN BAUERFEIND

Sie ist eine unkonventionelle Moderatorin.
Manche stufen Sie ein, als rastlos, hibbelig!
Sie denkt: ich wäre gerne Eisverkäuferin,
auch als TV-Mensch ist Sie nie langweilig!

HOLGER WIENPAHL

Schon als Grundschüler lieferte Er spannende Reportagen,
ist ein vielseitiger und professioneller Journalist geworden.
In der "Landsschau" hat Er Ausflugsziele vorgeschlagen,
im ARD-Buffet soll Er für reibungslosen Ablauf sorgen!

YVONNE CATTERFELD

Als Sängerin die Single "Für Dich" war der Durchbruch,
danach folgte das Album "Meine Welt" als Bestätigung.
Der Wechsel zur Schauspielerei ist kein Widerspruch,
sondern eine schon immer angepeilte Beschäftigung!

HOLGER WEINERT

Der "Waschsalon" ist bei HR seine bekannteste Sendung.
Er findet Zugang zu den Menschen durch seinen Plauderton.
Zu "Hessische Hoheiten" pflegt er besondere Beziehung.
Professionell und natürlich zugleich in jeder seiner Action!

ANJA KLING

Von Wilhelmsdorf ist der Babelsberg Filmstudio nicht weit,
wo Sie schon mit siebzehn die erste Filmrolle bekommen hat!
Hat so eine erfolgreiche Schauspielerin für Ihre Kinder Zeit?
"Ich bin eine ganz normale Mutter!", hält Sie die Antwort parat!

WAYNE CARPENDALE

Nach Internat in England und Schauspielschule in Übersee,
folgten logischerweise Auftritte in Filme und Fernsehen!
Auf den berühmten Namen, "klebt" immer ein Klischee,
im Kreislauf der Unterhaltung kann man auch verstehen!

GERIT KLING

Vor der Kamera war Sie erstmals mit fünf Jahren,
später sehr erfolgreich in mehreren Ärztinnenrollen!
Die Playboy-Bilder sind aus der Kategorie "abgefahren"!
Sie plant: ein neues Kinderbuch schreiben zu wollen!

FRANK PLASBERG

Am Anfang war die Aktuelle Stunde. Dauer: eine "Ewigkeit"!
Danach Hart aber fair! Es bedeutet Nachhaken ohne zu verletzen!
Talk auf Augenhöhe, Fragen, bis herauskristallisiert die Wahrheit!
Wichtig ist: die Aussagen der Talk-Gäste richtig abzuschätzen!

CARMEN NEBEL

Sie gilt als eine starke, taffe und unabhängige Frau,
die einzige mit einer eigenen Samstagabend-Show!
Die "Quotenqueen" agiert souverän und weiß ganz genau,
was beim Publikum ankommt, auf einem hohen Niveau!

JOHANNES B. KERNER

Erst bei SFB und dann das Fußball Magazin Sat.1-ran.
Folgten viele Sendungen unter dem eigenen Namen.
Einst war Er auch als beliebtester Sportmoderator dran.
Das Bundesverdienstkreuz bekam Er, in würdigen Rahmen!

INKA BAUSE

Die Herzen der Zuschauer zu erreichen ist nicht leicht!
Mit der positiven Einstellung zum Leben gelingt es Ihr!
Bauer sucht Frau fürs Leben und findet auch, vielleicht,
wenn alles passt: der Mann, das Haus und das Getier!

NORBERT LEHMANN

Er ist der Leiter und Moderator beim ZDF Mittagsmagazin, darüber hinaus moderiert Er ZDF-Special und ZDF-Royal! Als gebürtiger Dortmunder, überzeugter BVB Fan ohnehin. Das Größte was man hinbekommen hat, ist der Mauerfall!

SUSANNE HOLST

Sie sagt:"Durch den Job bin ich stresserprobt,
nicht mal die Zwillinge bringen mich aus der Ruhe!"
Die Ärztin und Tagesschau-Sprecherin wird oft gelobt,
denn Sie moderiert und klärt auf, ganz ohne Getue!

DANIEL HARTWICH

Seine Schlagfertigkeit ist bereits hinlänglich bekannt.
Er nimmt für gewöhnlich kein Blatt vor dem Mund.
Er wurde vor kurzem zum RTL neuem Supermann ernannt
und moderiert gleichzeitig viele Sendungen aus dem Grund!

HANNELORE FISCHER

Sie denkt, Ihr Hund kann mehr als 300 Worte verstehen, außerdem ist mit dem Tagesablauf bestens vertraut! Beim Agility-Training hab´ ich einmal selber gesehen, wie Harmonie, zwischen Mensch und Hund ausschaut!

ELYAS M´BAREK

Sehr früh, schon während der Schulzeit auf der Leinwand,
später Türkisch für Anfänger, Fack ju Göhte, undsoweiter!
In der Macho-Rolle wirkt er überzeugend wie ich es fand.
Deswegen viele junge Fans? Nein, sagt der Senkrechtstarter!

ALEXANDRA NELDEL

Angefangen hat's mit "Gute Zeiten, schlechte Zeiten"
und anschließend hat Sie sich "verliebt in Berlin"!
In der Wanderhure-Serie zeigt Sie Ihre Fähigkeiten.
Als Beiwort soll man's weglassen, sagt die Arzthelferin!

STEVEN GÄTJEN

Viele sagen Er ist einer der Top-Moderatoren in Deutschland und könnte jeden Vielseitigkeits-Wettbewerb gewinnen. Nach Aufenthalt in London, Hollywood,…liegt auf der Hand, bekommt man für jeden Einsatz entsprechenden Routinen!

LENA GERCKE

Der Sieg bei GNTM ebnete Ihren Weg in das Show-Business.
Es folgten Model-Jobs und Präsents in den Schlagzeilen!
Model und Moderatorin zu meistern bedeutet Terminstress,
man muss die vorhandene Zeit möglichst gut einteilen!

CHRISTIAN ULMEN

Sein Sprungbrett war MTV, in London, sagt man zumeist!
Mit Hilfe von experimentellen Spielfreude und Provokation,
überfordert Er manchmal den alltagsorientierten Geist!
Er ist der umtriebigste Medienstar, nach meiner Information!

COLLIEN FERNANDES-ULMEN

Das Einverständnis und Begleitung der Eltern wurde gegeben,
doch mit fünfzehn, ist außergewöhnlich die Selbstständigkeit!
Die Kamera macht Ihr keine Angst, Sie konnte immer schon reden!
Dort finden wir Sie wieder, mit schöner Regelmäßigkeit!

HENNING BAUM

Man sagt: Er wirkt auf altmodische Weise männlich, mit starken Muskeln, beharrte Brust und tiefe Stimme! Nach diesen Eigenschaften ist fast selbstverständlich, dass Er in solchen Filmen spielt, wie Der letzte Bulle!

BETTINA ZIMMERMANN

Der Lack ist ab? Bei Ihr ist noch lange nicht der Fall!
Allenfalls in der Sitcom-Serie. In Wirklichkeit nicht!
Sie erwartet ein Baby, das ist zu lesen fast überall,
in der Patch-Work Familie herrscht viel Zuversicht!

KAI WIESINGER

Eine Patchwork-Familie zu führen ist nicht ohne,
obwohl die Töchter schon relativ groß sind!
Mit dem neuen Kind fängt das ganze neu an, von vorne,
denn dadurch das Leben neue Reize gewinnt!

FELICITAS WOLL

Sie wurde ganz Jung entdeckt, es klingt wie im Märchen:
in eine kleine Discothek für die TV-Serie Die Camper!
Der Durchbruch gelang Ihr später mit Mädchen-Mädchen!
Nach so vielen Jahren, soll man gratulieren, Ihrem Entdecker!

JOJA WENDT

Er wurde als einziger europäischer Pianist ausgewählt,
um das neuartige Steinway-SPIRIO System zu spielen!
Sein stilistischer Vielfalt und Virtuosität diese Wahl erklärt.
Seine Auftritte beim Publikum viel Anerkennung erzielen!

SARAH CONNOR

Sie sang in einem Gospelchor bereits nur mit sechs Jahren!
Seit "From Sarah with love" ist in Ihr Leben allerlei passiert.
Neuerdings möchte Sie mit der "Muttersprache" erfahren,
wie die Fangemeinde auf deutschsprachige Songs reagiert?!

HERBERT GRÖNEMEYER

Ohne Schauspielschule, aber mit natürlicher Begabung,
ergatterte Er zahlreiche Filmrollen in jungen Jahren!
Danach konzentrierte Er sich auf die musische Neigung:
Mit Lobhymnen und Anerkennung möcht' ich nicht sparen!

DIANE KRUGER

Mit Helena in Troja schaffte Sie den Durchbruch.
Seit dem ist Sie ein international gefeierter Star!
Frau, Jung und Unabhängigkeit ist kein Widerspruch!
Für das Vertrauen Ihrer Eltern, wird Sie immer dankbar!

MARIO GÖTZE

Deutschland ist ein Fußball verrücktes Land.
Wir gewinnen die WM in schöner Regelmäßigkeit.
Der Torschütze im Finale, das liegt auf der Hand,
wird frenetisch gefeiert wie ein Held, bundesweit!

Inhaltsverzeichnis

1. Cecile Shortmann
2. Jürgen von der Lippe
3. Jule Gölsdorf
4. Oliver Bierhoff
5. Maria Furtwängler
6. Reinhold Messner
7. Andrea Grießmann
8. Matthias Steiner
9. Angela Finger-Erben
10. Jan Frodeno
11. Sandra maischberger
12. Rudi Cerne
13. Anja Reschke
14. Til Schweiger
15. Uschi Glas
16. Jan Josef Liefers
17. Anna Loos
18. Stefan Pinnow
19. Gundula Gause
20. René Kindermann
21. Susanne Daubner
22. Klaas Heufer-Umlauf
23. Sonja Kirchberger
24. Sven Lorig
25. Anke Engelke
26. Markus Brock
27. Jeanette Biedermann
28. Oliver Pocher
29. Cosma-Shiva Hagen
30. Götz Alsmann
31. Felicitas von Lovenberg
32. Claus-Erich Boetzges
33. Yvonne Ransbach
34. Ingolf Lück
35. Kristina zur Mühlen
36. Otto Waalkes
37. Sonja Zietlow
38. Matthias Schweighöfer
39. Carmen Miosga
40. Moritz Bleibtreu
41. Elke Heidenreich
42. Wotan Wilke Möhring
43. Nadine Krüger
44. Hannes Jaenicke
45. Dunja Hayali
46. Ulrich Tukur
47. Rebecca Verwerick
48. Heiner lauterbach
49. Wolke Hegenbarth
50. Mario Barth
51. Carolin Kebekus
52. Felix Jaehn
53. Madeleine Wehle
54. Daniel Brühl
55. Antje Pieper
56. Ralph Bauer
57. Eva Habermann
58. Johann Lafer
59. Claudia Roth
60. Thomas Walde
61. Jennifer Knäble
62. Horst Lichter
63. Nazan Eckes
64. Marco Schreyl
65. Eva Briegel
66. Joko Winterscheidt
67. Sabine Sauer
68. Hardy Krüger jr.
69. Ina Dietz
70. Max Riemelt
71. Katrin Bauerfeind
72. Holger Wienpahl
73. Yvonne Catterfeld
74. Holger Weinert
75. Anja Kling
76. Wayne carpendale
77. Gerit Kling
78. Frank Plasberg
79. Carmen Nebel
80. Johannes B. Kerner
81. Inka Bause
82. Norbert Lehmann
83. Susanne Holst
84. Daniel Hartwich
85. Hannelore Fischer
86. Elyas M´Barek
87. Alexandra Neldel
88. Steven Gätjen
89. Lena Gercke
90. Christian Ulmen
91. Collien Fernandes-Ulmen
92. Henning Baum
93. Bettina Zimmermann
94. Kai Wiesinger
95. Felicitas Woll
96. Joja Wendt
97. Sarah Connor
98. Herbert Grönemeyer
99. Diane Kruger
100. Mario Götze

Herstellung und Verlag:
BoD - Books on Demand, Norderstedt
ISBN Nr 9 783734 744594